JN408910

거 누구 없소

김창수

詩集 거 누구 없소

시인의 말

하얀 종이 위에 투영된 내 안의 나를
길 위에서 만난 인연으로 한 줄 한 줄 채워가는
삶의 여정은 언제나 아름답고 눈부시다.

눈 앞에 펼쳐진 하나님의 창조세계
늘 희로애락을 함께 나눈 사랑하는 가족
교단에서 일어나는 매일 매일의 삶
드러나지 않는 곳에서도 최선을 다하는 작은 미물들

길 위에서
함께 기뻐하고
함께 슬퍼하며
함께 동행해주던
소중한 이 모든 만남들이
이제는 내 안의 나를 너머
들풀 같은 세상에서 시의 향기로 전해지길….

시집이 나오기까지
사랑하는 가족들의 따뜻한 격려와
윤제철 선생님과 세목문학회 회원님들
기꺼이 편집을 맡아주신 월간『문학세계』출판부
도서출판 천우에 깊이 감사드린다.

2019년 4월 부활의 아침에

김상수

제1부

교실풍경

제2부

창조이야기

제3부

소중한 가정

제4부

지리망산으로 가는 길

제5부

겨울산

제6부

길 위에서

제7부

산문

제1부

교실풍경

교실풍경 1

— 딱정벌레 그림

교탁 앞으로 엄숙한 대열
아침 햇살이 살며시 들어오면
침묵은 길을 떠나고
높은 하늘 하얀 벽을 향해
딱정벌레 한 마리 서 있네

하나둘 들려오는 웅성거림
한바탕 웃음이 날아들면
넘어지고 엎어지는 혼돈
교탁은 애써 위엄을 갖추고

흙먼지 자욱한 사이로
벽시계는 정상을 향해
숨 가쁘게 달려가고 있는데

아이들의 지친 영혼 등에 지고
겨우 버티고 선 책상다리
침묵이 다시 돌아오면
일상으로 향하는 대열 뒤로
여전히 그 자리에서
딱정벌레 한 마리 머뭇거리고 있네

교실풍경 2
— 나의 학급

액자 속의 태극기가
빛바랜 도포를 걸치고
삐딱하게 서서
실눈 가늘게 치켜세우며
정면을 응시하고 있다

최선을 다하자고
단결하자고
솔선수범하자고
목이 쉬도록 외치는 급훈은
허공을 애처롭게 떠돌아다니고

창틀에 매달린 아이들은
덕지덕지 붙은 꿈을
닦고 또 닦아 보지만
스펙트럼처럼 세상은
굴절되어 보인다

가방 속에서
뛰쳐나온 사연들이

수북이 쌓여 있는 한쪽 구석에
때 지난 철쭉이
간신히 목을 내놓고
가쁜 숨을 몰아쉬고 있고

눈길조차 주지 않는
쟁반 위의 물 잔은
그리움에 목말라 그 깊은 속을
날마다 비워내지만

오늘도
어쩔 수 없는 외로움에
온기를 찾아서
서산에 지는 해 그림자
따라나선다

교실풍경 3
— 거울 속의 나

"이라크 전역으로 전선 확대"
시사란 밑에 낡은 고딕 글자가
주검처럼 퇴색한 기억을 안고
희뿌연 포연 속을 헤매고 있다

"생명을 이어가는 몸부림"
"피폐해지는 지구"
어두운 군상들과
넘쳐나는 쓰레기로
가득 메운 환경란

그 옆으로
텅 빈 알림판이
흰 이빨을 드러내고
멋쩍게 웃고 있는데

거울 속에 내가 있다

시선을
옮길 때마다

안겨 오는 익숙한
풍경들인데

외쳐도
울림이 없는 메아리

허공을
휘저을 때마다
점점 깊어만 가는
침묵의 샘에서

오늘도
낯선 하늘만 올려다본다

교실풍경 4

— 화장하는 아이들

마지막 수업 시간
또다시 세상으로 향하는 문 앞에 서야 한다

내 모습 이대로
세상을 마주하기엔 아직은 두렵다

조그만 손거울에
비쳐진 까칠한 얼굴 풀린 눈 푸석한 피부

온종일 저 멀리 달아나는 꿈을 좇아
허우적거리고 있는 동안
풍선만 한 수심이 얼굴 위로 떠올랐다

감추고 싶었다
언제나 창 너머 기다리는
그놈 앞에 초라한 내 모습을
감추고 싶었다

어쩌면 어쩌면 그것이
내게 단 하나의 이유였다
그놈 때문에….

교실풍경 5
— 선인장

창가에 햇살 한 모금
타들어 가는 가슴 적시고

희미한 추억들이
빛바랜 사진처럼
매달려 있는 작은 잎새들

모두가 외면했지만
그저 바라만 보아도
행복했던 어제였는데

차가운 공기가
더 차갑게 느껴지는
텅 빈 교실 창가에서

스쳐 가는 바람 따라
바스락바스락
그 옛날의 추억을
털어 내고 있는

작은 선인장
화분 하나

교실풍경 6
— 판치기

번쩍이는 시선들
사회 문화 교과서 위엔
동전들이 하얗게 질린 채
웅크리고 있다

뒤집혀라 뒤집어져야 한다
광기 서린 주문이 끝나자
우레 같은 굉음 그리곤 허공이었다

누구도 머물지 않았던
누구도 가지 못했던
순간의 궤적 속으로
내던져진 작은 동전들

현실을 거부하며 버둥대는 몸짓 하나
끝내 나락으로 떨어져 뒤집히는 순간

환호하는 아이들 열광하는 교실
사회 문화 교과서만
점점 벌겋게 달아오른다

교실풍경 7
— 휴대폰

몸이 떨린다
진동이 울린다
온몸에 전율이 인다
가슴 속으로 파고드는 짜릿한 쾌감!

낡은 영혼의 거푸집에 갇혀
꿈과 사랑마저 시들어가고
소통할 기회조차
점점 잃어가고 있을 때

가슴 저 밑바닥에서 바람의 날개 타고
천둥처럼 울려오는 단 한 번의 진동에
그들은 전율하고 있다

몸 안 깊숙이 박히는
황홀한 세상의 신기루
세포마다 분열하는 현란한 율동
점점 빠져드는 몽환

여긴 몽환의 바다다!

교실풍경 8
— 사물함

사물함을 열면
서로 다른 모습으로
살아가는 아이들의 삶이
빼곡하게 쌓여있다

땀으로 흥건히 젖은
체육복을 입은 채
햇살 따가운 운동장을
쉬임없이 뛰어다니며
둥근 공처럼
둥근 세상을 외치던 아이

깨알같이 적어 놓은
공책을 펴 보이며
지금은 멀리만 느껴지는
소박하지만
작은 꿈을 보여주곤
수줍게 미소 짓던 아이

무엇이 힘들었던지
휴지처럼 구겨진 삶을
가득 끌어안고
홀로 빈방을 지키며
세월의 짐이 너무 버거워
끝내 다가서지 못하던 아이

온종일 비를 맞으며
젖은 땅을 헤매다
흙투성이가 된 신발로
제 갈 길을 잃은 채
창밖만 응시하고 있던 아이

사물함을 열면
켜켜이 쌓여 있는
아이들의 삶이
때로는 가슴 벅차게
때로는 가슴 시리게
눈앞에 아련하게 맴돈다

교실풍경 9
— 휴식 시간

드디어 휴식 시간이다

공식으로부터의 해방이다
굴레로부터의 해방이다
규칙으로부터의 해방이다
법으로부터의 해방이다

진리로부터의 해방이다
위엄으로부터의 해방이다
증오로부터의 해방이다
부정으로부터의 해방이다
낡은 역사로부터의 해방이다
가치로부터의 해방이다

우리에게 주어진
짧은 이 순간만큼은
모든 틀로부터의 해방이다
모든 얽매임으로부터의 해방이다
모든 경계로부터의 해방이다
모든 삶으로부터의 해방이다

해방이다
해방이
해방
해
해
해
해
.
.
.

교사의 소망

겨우내
얼어버린 대지 위를
무지갯빛 태양으로 녹여줄 삼월
따스한 햇살이고 싶습니다

칼바람과 폭염 속
무심한 세월의 짓궂은 장난에도
언제나 그 자리에서
꿈과 희망을 준 아름드리 한 그루
푸른 나무이고 싶습니다

즈믄 밤
인고의 시간을 견디며
찬란했던 잎 다 떨구고
마른 몸뚱어리만 남아 있더라도
땅속 깊이 희망을 움켜쥔 한 자락
깊은 뿌리이고 싶습니다

버려진 삶
거센 방황의 몸부림마저
그 넓은 품속에 안고
말없이 바라보며
함께 바다로 흐르는 강
저 큰 강물이고 싶습니다

그런 교사가 되고 싶습니다

교실풍경 10
— 아침 교실

멀리 파도가
쉬임없이 밀려오고 밀려가는
외딴 바닷가

붉은 햇살 데불고
물때가 몰려오면
요란하게 게걸음 치며
소라 깨우러 가는 집게들의 행렬

기나긴 하루가
외딴 바다의 아침처럼
재갈 대는 아이들과
요란한 몸 사위로
시작하는 교실은

희망의 바다다
순결한 섬이다
은빛 나래로 날아오르는
오색 무지개 꿈이다

제2부

창조이야기

십자가 단상

희뿌연 안개 속 안양천을 따라
꽃비가 싱그러운 향기 데불고
자근자근 지나간 오월 어느 날

희미한 등잔 아래서
한 올 한 올 세월을 꿰시던
늙으신 어머님의 까칠한 손이
하얀 미소 가득 그려 놓은 밤길을

저 멀리 사람들은
구름처럼 일어나는 아련한 기억 속으로
깊이 잠기어가고 있다

밤늦은 금천교에는
시든 목련처럼 떨어진 삶의 껍데기들이
바람에 어지럽게 나뒹굴고
자동차 경적소리에
실눈 곧추세운 종탑 위 붉은 십자가

언제나 말없이
별빛에 기대어 홀로 서 있네

창조 이야기 1
— 천지창조

하늘이 처음 열리고
소리 없이 일어서는 어두움과 혼돈
그 은밀한 자락 속에
깊이 잠들어 버린 이 땅을 향하여
흙바람 가르며 다가선 한 줄기 빛은
차라리 예리한 검이었습니다

사방을 둘로 나누고
도려내고 또 도려내는 아픔
속살 드러난 그 은밀한 곳에서
깊이 잠든 이 땅을 흔들어
다시 세우며
쏟아져 내리는 주님의 땀방울엔
어느새 새 하늘과 새 땅으로
물들었습니다

무수히 떨어지는 땀 땀 땀
하얀 도면 위에 그려진
하늘과 땅 바다엔
쉬임없이 일어나는 생명의 파문

누룩처럼 번져가는
초록의 계절을 바라보며
주님의 얼굴엔 함박미소가
어렸습니다

하늘이 처음 열리던 날
주님의 음성이 들리고
어두움의 비늘이 벗겨지고
생명이 요동치는 초록의 계절
이 땅 위에서
성부와 성자와 성령 하나님이
협력하던 날

우리의 아담도 그 발아래
엎드려 있었습니다

창조 이야기 2
— 하와의 탄생

별 하나에 기대면
비두리 눈빛에 젖어 오고
들 하나에 누우면
산노루 품 안에 안겨 오는데

달 가엔 바람이
물결처럼 흐르고
물가엔 구름이
파도처럼 부서지는데

서산 해으름 속
외로운 아담
주님 손이 이끄시고

공허로 타는 가슴
어루고 또 어루시어
환희에 찬 고통으로
불러내신 여인은

오, 하와여!

창조 이야기 3
— 사탄의 유혹

빛과 땀의 흔적
알알이 뿌려지는 말씀의 씨앗들
무수한 공간마다
점점이 초록이 되어 있고
창조의 동산 생명 나무 가엔
도란거리는 남녀의 이야기

앉았다 떠난 비둘기는
부지런히 탄생의 비밀을 나르고
언덕 너머 하늘엔
찬란한 영광이 반짝이는데

시샘하는 천사의 음성
보좌를 울리고
분수처럼 일어나는
욕망의 물보라

숲속에 꿈틀거리는
은밀한 유혹은
아! 평안할 때에 다가서는
너! 사탄이여!

창조 이야기 4
— 아담아 네가 어디에 있느냐

아담아
네가 어디에 있느냐?

충만한 이 땅에 광풍이 일고
날아가 버린 망각의 세월
억장 먹구름에 해는 가리고
선악과 나무에 말씀은 시드는데

아담아
네가 어디에 있느냐?

유혹의 속삭임에 깊이 잠든 동산
여인의 손끝에서 솟구치는 욕망은
밤하늘의 무수한 유성처럼
어지러이 춤추는데

아담아
네가 어디에 있느냐?

여인과 함께한 밤의 향연
고난 속에 일어서는 동산의 아침엔
창조의 노래는 간데없고
은밀한 욕망의 숲 그늘에서
사탄은 축배의 잔을 드는데

아담아
네가 어디에 있느냐?

공중엔 사탄의 바람이 일고
땅 위엔 유혹의 가시가 돋고
텅 빈 동산 뜨락엔
슬픈 메아리만 남아
부끄러워
부끄러워
숨어 눈물 흘리는데

아담아
네가 어디에 있느냐?

사랑은

나는 사랑을 말하지만
사랑의 의미를 알지 못합니다

파아랗게 지쳐버린
오월의 봄밤을
후줄근하게 내리는
한 줄기 빗속에서
사랑을 알 수 있다면….

구름이 스쳐 가는 밤하늘에
하이얗게 그려놓은
그 깊은 눈썹 위를 굴러가는
한 줌 실바람 속에서
사랑을 알 수 있다면….

하지만
사랑은 아무런 말이 없습니다
사랑은 말 없는 주님의 형상이기
때문입니다

사랑은 어떤 의미도
구하지 않습니다
사랑은 값없이 치룬
희생의 산물이기 때문입니다

사랑은 어디에나 있지 아니하지만
사랑은 또 어디에나 있습니다

사랑은 말할 수 없는 기쁨이지만
사랑은 참을 수 없는 고통입니다

아! 사랑은
저 공중에서 메아리치는
무언의 침묵입니다

하관

눈부신 비상
천천히 유영하는 한낮의 자유
그윽한 국화 향에 싸여
관은 내려간다

내려가는 것은 관이 아니다
영혼이 없는 주검이다
버려야 할 육신이다
썩어져야 할 몸뚱어리다

땅은 문을 닫고
하늘은 문을 열어 주었다
하늘 위로 춤추는 나비야
태양 아래 빛나는 영혼아

눈물도 때로는 힘이 되고
슬픔도 때로는 위로가 되는 것은

내려가는 것이 관이 아니라
오히려 그것은 황홀한 날갯짓이며
비상하는 몸짓이기 때문이리라

일출
— 시내산 정상에서

칠흑 같은 어둠의 바다
별빛 고요히 떠가는 하늘
무거운 존재의 껍질을 벗고
여명을 기다리는 산이 있다

흐릿한 삶의 궤적
굽어 도는 세월의 물길 따라
푸르름도 잠시 성성한 백발로
언제나 정상에 홀로 서 있나니

가슴을 파고드는 바람도
부러진 나무도
깨어진 바위도
시간이 스치고 간 흔적조차도
침묵하는 그곳은….

오히려
침묵이기보다
여명을 부르는 울림이며
영혼을 깨우는 몸부림이거늘

저 멀리
빛이 되어 달려오는 세상
황금빛으로 물든 밤의 커튼을 열어
온몸으로 맞이하는 산이
여기에 있네

싯딤 나무
— 시내 광야에서

수에즈운하를 가로지르는
어두운 터널을 빠져나와
황량한 광야로 갔다

쉴 곳을 찾지 못한 구름 떼가
흙먼지를 일으키곤
멀리 홍해 바다로
달려가고

만나와 메추라기로
은총의 밤을 함께 보낸
그때 그 별 무리들이
오늘은 석류 알 같은
불꽃으로 내려와
광야를 불태우고 있다

모래 언덕 사이로
이름 모를 들풀 하나
씨알만 한 바위에 기대어
사위어가는 희망 퍼덕이며

한 움큼 질긴 목숨을 붙들고 섰는
허허한 들판에서

오직
한그루
싯딤 나무만이
홀로 긴 세월의 아픔만큼
그 몸에 가시를 매달고

하나님의 뜰을 말없이
바라보고 있다

새벽이여 오라

— 시내산 정상에서 새벽을 맞으며

별빛 흐드러지게
춤추는 하늘 꽃길을 따라 오라

산모롱이를 돌아 어두움을 몰고
여유롭게 오르는 낙타
곱사등 길을 따라 오라

둥 · 둥 · 둥 해울음
심장의 고동 소리를 들으며
한 계단 한 계단 오르는
순례자의 행렬
그 깊은 고요 속으로 오라

비수처럼 다가선
한 줄기 바람 끝에서
핏빛으로 살아나는
순례자의 함성이
파도처럼 밀려오는 산
정상으로 오라

새벽이여 오라!

제3부

소중한 가정

아버지의 병상

마른 나뭇가지에
수북이 흰 눈이 쌓인다

세월의 무게를
이제는 내려놓는 듯하시더니

쌓인 눈만큼이나 무거운 침묵이
온몸을 짓누르는 새벽

오장육부가 두고 온 고향 그리워
또다시 용틀임하는 날

아버지의 병상 위로
바람도 숨죽이며 지나가고

낡은 족보에 남겨진 이름 한 줄
새벽안개에 가려 점점 아득해지는데

창 너머 마른 나뭇가지에
무심한 눈만 수북이 쌓여간다

아버지의 온기

— 유골함(2017. 11. 20.)

겨울의 문턱에서
마지막 사랑의 편지처럼
아버지의 온기가 전해졌다

엄동설한 광야에서
휘몰아치는 모래바람을 헤치고
거친 풍랑
모진 비바람 온몸으로 견디며

한 세상을
아름드리 가족이라는 나무
꽃피우시던
아버지의 세월이었는데

석양에 지는 낙엽처럼
짧은 여운만 남긴 채
빛나는 침묵 속으로
홀연히 떠나시던 날

사랑의 편지처럼
아버지의 마지막 남은 온기가
서늘한 내 무릎 위에서
그렁그렁 눈물지네

아내

꺾일 듯 꺾이지 않는
약하나 결코 약하지 않는
언제나 높은 하늘 우러러
손 흔드는 갈대처럼

금 간 세월의 틈 사이로
거침없이 불어오는 바람 앞에서도
푸른 하늘 보며 참아내던
고마운 엄마 같은 아내

무더운 여름 어느 날
긴 가지 더 길게 늘어뜨려
언제나 영혼의 안식처로
시원한 그늘이 되어 준 나무처럼

빈들 같은 세월의 어느 곳에서
주저앉아 있을 때
푸른 그늘로 먼저 다가와
지친 마음 만져주던
고마운 누이 같은 아내

자갈밭 흐르는 물
잡으면 어느새 저만치에서
그 깊은 바다 향해
함께 가자던 작은 시내처럼

거칠고 굴곡진 삶의 흐름 속
머물고 싶은 그 순간마다
하얀 웃음으로 다가와
등 두드리며 동행해주던
고마운 친구 같은 아내

삶의 비탈진 길에서
엄마처럼 참아주고
누이처럼 만져주고
친구처럼 동행해주는
아내가 있어 좋다

어머니의 손

너무나 무심했던 어머니의 세월
반백이 되어서야 마주 잡은 손에서
가슴으로 느껴지는 회한

파도 소리 들리는 툇마루에 앉아
제비 보며 희망 잃지 말라
온 식구의 마음 만져주셨던 손인데

끊임없이 밀려오는 가난과 절망
그 높은 파도 앞에서도
당당히 맞서며 세상을 살아가는 법을
몸소 가르쳐주셨던 손인데

어쩔 수 없는 세월의 무게 앞에서도
더는 나약해지면 안 된다며
눈물 한번 보이지 않으시고
자식 몰래 감추어 두셨던 그 손인데

되돌릴 수 없는 어머니의 세월 앞에
한여름 밤 피 울음 우는 매미처럼
이제야 가슴으로 품어 본
어머니의 주름진 손

소중한 가정

신묘년 7월 16일
하나님의 계획 속에
또 하나의 작은 기적이어라

아무도 모르리
하나님의 유쾌한 유혹은….

바다 멀리 이국(異國)에서
펼쳐 보이신 선물 상자엔
상아처럼 빛나는
갈비뼈 하나
환하게 웃고 있었네

사막에서 만난 마라의 우물처럼
헐몬산에 반짝이는 새벽이슬처럼
그렇게 찾아온 꿈같은 사랑이여

오! 아름다워라
그러기에 더욱 소중한 가정!

하나가 둘이 되고
둘이 하나가 되어
하나님의 멍에를
함께 지고 가는 너희여

울울창창 험한 산도
높디높은 거친 파도도
두려움 결코 없으리

푸른 가슴으로 하나 되어
달려가는 수평선 끝까지

희망의 너울이 춤추고
붉은 태양이 용틀임하는
저 눈부신 세상 너머
그 어디라도 뻗어가거라

광활한 대지 위에서
별빛 찬란한 역사

새로이 움트는 오늘
그대들의 가정은….

오! 놀라워라
오묘한 섭리여!

유학을 보내며

언젠가는 가야 할 길이었다
언젠가는 보내어야 할 길이었다
그 길은 너에게 광야라는 것도
그 길은 너에게 바다라는 것도
우리는 이미 알았다
그러기에 더욱 깊어지는 침묵

결코 혼자가 아니라고
결코 외롭지 않을 것이라고
신의 은총이 우리 모두에게
함께 할 것이라고
말하고 싶었다
외치고 싶었다

하지만
끝내 떨어지지 않는 입술
손끝으로만 느껴지는 존재 앞에서
마음은 촛불처럼
바람에 조금씩 흔들리고 있다

가방 속에
소박한 꿈 하나
가족의 눈물 두 방울
친구와 친지, 성도의
기도주머니 세 개
꾹꾹 눌러 담은 사랑 한 아름
등에 지고 그렇게
광야를 향해
머언 바다를 향해
너는 떠나갔다

푸른 하늘에
뿌우연 안개가 서리고
마른천둥이
한바탕 내려친 길 위로
울음이 소리 없이 지나간다

입영식 소회
— 2007. 9. 11.

소양댐 저 밑바닥으로
밀려드는 그리움의 몸짓
흐릿한 하늘 아래
물안개 가득한 수면 위로
어색한 웃음이 지나가고 있다

소양댐 준공 기념탑
그 앞에 선 가족의 모습이
디카 속에서 자꾸만 흔들리는데
미풍에도 손끝은 연신 떨리고
시간은 쉼 없이 떨어지는 댐 물처럼
자꾸만 재촉을 한다

입영식이 진행되는 동안
그렇게 참았던 아픔인데
그렇게 참았던 눈물인데
'어머님 은혜' 한 소절에
엄마의 품에 안겨
분수처럼 터져 나오는 회한

그랬었구나 아들아!
그것이 너에게 눈물이었구나
그것이 너에게 아픔이었구나

돌아서는 어깨 너머
유난히도 더 푸른 하늘
까치 한 마리 저 숲속으로
유유히 날아가고 있다

이모

언제나 싱그러운 햇살
마음 한가득 담은 웃음에
고운 주름 속 이모가 그립다

칠십 평생 홀로 핀 들국화
억센 비바람에도 꺾이지 않더니
세월의 무게에 못 이겨
내려앉은 가슴 상처 보듬고
하늘 향해 두 손 들어 해맑게 웃는
꽃무덤 속 이모가 그립다

쉼 없이 다가오는 파도
어시장 높은 장벽에 부딪혀
하얀 포말로 뿌려진 삶의 조각마다
한 겹 두 겹 세모시
고운 옷에 감싸고 환한 미소짓는
영정 속 이모가 그립다

푸른 아침에 깨어난 이슬
한 줌 재로 만난 세상 다시 그리워
어머니 눈가에 맴돌다 맴돌다
하얗게 퍼져가는 저 구름
안개 속 이모가 정말 그립다

기영이를 기리며

태평양 건너
먼바다에서 불어오는
거센 바람 맞으며
갈라지고 터진 손등으로
흐르는 콧물 닦아내던 어릴 적

희미한 호롱불 밑에서
문짝 대신 가마니 한 장 덜렁
구공탄에 초라한 단칸방에서도
우리는 서로를 의지하며
행복을 노래했었지

철없고 순진하기만 했던
그 비 오던 날이었어
먹구름이 천둥과
밤 벼락 치는 어두운 방에서
너는 가슴에 평생 지워지지 않는
시퍼런 멍이 들고 말았지

지독한 가난 때문에
단지 그 하나의 이유만으로
보수동 산언덕 천막촌에서
먼바다가 가져다준 물빛 한 조각
감만동 어두운 골방에서
창틈에 끼인 햇살 한 조각 주워
운명처럼 병든 가슴을 채우며
그렇게 반세기를
세상과 맞섰었는데

빌딩의 숲으로 가리워진 긴 세월
무욕의 미소에도
세상은 등을 돌리더니
움직이면 움직일수록 더 조여 오는
거미줄 같은 인생의 덫에 갇혀
가질 것도 없는 비인 몸으로
병든 엄니 홀로 남겨 둔 채

훌쩍
이생의 경계를 그렇게 넘어갔구나

장모님

언제나 그리워했던
국화 향 그윽한 꽃길을 따라
홀연히 떠났습니다

그 길은 깊은 가슴 속
숨겨진 밑바닥까지
비워야 갈 수 있는 길이기에

새벽마다 기도의 샘가에서
삶의 무거운 찌끼를
남몰래 비워 내신 지
아흔여섯 해

마침내 그날
고운 꽃신을 차려 신고

한 마리 나비처럼 훠어~훨
한 줌의 재로 날아서
그렇게 떠났습니다

가슴에 묻어 둔 사연은
먼 훗날 그 길에서
우리 만나면
그때사 말하리라고

꽃신을 신고 꽃길을 따라
해맑은 웃음보이며
그렇게 홀연히 떠났습니다

여행 떠나는 날

난생처음
가족의 품을 벗어나
먼 여행을 떠나는 날
한낮의 햇살이 창틀에 기대어
유난히도 늑장을 부리고 있다

20여 년의 세월에
주름진 흙먼지를 털어내고
하나둘 정돈되는 여행 가방을
바라보는 서로의 얼굴엔
심연의 바닷속 거친 광야를
함께 달려온 언어들이
떨어질 듯 방울방울 아롱져 있다

돌아서는 어깨너머
힘들게 서산을 오르던 침묵이
쇳물 같은 긴 그림자를 허공에 두더니
어느새 날 선 못이 되어
한쪽 구석에 처박혀 썩고 있는
사랑의 속살을 마구 헤집어 놓는다

그 긴 세월
가슴 속 가슴 속으로만
떠돌던 사랑의 옹이들이
마침내 거침없이 거침도 없이
식도를 타고 입안 가득 밀려오다
끝내 봇물처럼 터져 나오는
나의 은어여!

사랑한다 사랑한다 아내야!
사랑한다 사랑한다 아들아!
사랑한다
진정 너희를 사랑한단다

흔적

오래전부터 그놈이
나의 작고 초라한 방에 숨어들었다
나는 그가 함께 있었다는 사실을
까맣게 눈치채지 못했다

그놈은 독버섯처럼
나의 방 구석진 곳에서
조금씩 조금씩 자라고 있었다
땅거미가 서서히 내리듯이….

CT를 찍으러 가는 날
그놈의 광기는 더 맹렬했고
기계는 그 순간을 놓치지 않았다
나의 초라하고 작은 방을
은밀하게 숨어 차지하려고 했던
어둠의 진실이 정체를 드러낸 것이다

오염된 나의 방을 수리할 기회를
하늘은 내게 주셨다
조금만 더 늦게 발견했더라면

나의 안방까지도
그놈의 차지였을 텐데….

육체의 가시와 같은
또 하나의 흔적이 나의 몸에 새겨졌다

또 하나의 방을
잃어버린 것이 아니라
오히려 영혼의 더 큰 방이
또 하나 새롭게 꾸며지리라

오! 나의 주님 감사합니다

말 한마디

일산 호수공원의 바람이 스산했다
담낭 제거 수술을 받아들인 후
넓은 호수에 나의 마음을 풀어놓았다

수술해야 된다는 그 말 한마디에
모든 것이 무너져 내리는
자신의 초라한 모습이
서글프게 수면 위로 떠 오른다

이제 쓸개 없는 몸이라 생각하니
허전한 마음을 한차례 바람이
흔들고 지나간다

서울대병원에 진료 예약을 했다
그리고 심판을 기다리는 죄수와 같이
초조하게 진료일을 기다리며
불면의 밤과 함께 수술 후에 있을
삶의 모습들을 그려보았다

좀 더 진지하게
좀 더 의미 있게 살 것이다
삶의 목표를 다시 새롭게 할 것이다
생각한 것을 구체적으로
실천해 나갈 것이다
사랑하고 섬길 것이다
내게 주신 구역을
더 소중하게 가꾸어 갈 것이다
회한 속에 다짐 또 다짐하며
길고도 짧은 시간을 보냈다

서울대병원에서 진찰받는 날
긴장된 마음으로 의사를 마주했을 때
이미 나는 죽어 있었다
근데 귓전에 들리는 말 한마디

"수술 안 하셔도 됩니다"

갑자기 오장 육부가 요동쳤다
마른 뼈에 생명이 용틀임했다

그 말 한마디에
그 말 한마디에 죽었다 살아나는
풀잎처럼 나약한 존재임을
확인하는 순간
어쩔 수 없는 나는
그저 그런 사람이었다

제4부

지리망산으로 가는 길

외도

돌 돌 돌마다
먼바다가 가져다준
전설 하나씩 간직한 채
파도에 몸을 씻는
몽돌해수욕장

그 너머 망망한 바다 위
점 하나 잘못 찍어
버려진 외로운 섬
외도가 있었네

풍랑과 해풍에 깎여진 벼랑
머무를 수 없는
언제나 은혜의 그늘진
척박한 땅이

길 하나 나무 하나 풀 하나에
창조를 향한 소망 담고
에덴을 향한 열망 피워

이제는 외롭지 않은 섬
외도가 되었네

죽녹원에서

죽림의 하늘은
초록의 바다

파도가 이는
바다 한가운데
우뚝 솟은 섬처럼
당당하게 서 있는데

오랜 세월 역사의 한켠에서
상처와 아픔 달래느라
가슴은 비었지만

오직 하나 창공을 향해
칼바람이 불 때마다
잘려나가는 댓잎의 절규를
참으며 참으며
천년을 기다려 왔노라

이제사 댓잎 하나
바다에 띄우니
초록으로 다시 살아나는
온 세상

무릉계곡

산천어 한 마리가
은빛 나래 파닥이며
도닥도닥 거려 주고

산까치 살며시 내려와
입맞춤도 해보지만

무릉은 삼화사 앞에서
여름 태양을 등지고
아예 돌아 누워버렸고

어머니 손등 같은 주름진 계곡은
짐승 같은 장맛비로
찢겨져 나간 가슴
미시령 맑은 샘에 담아

저 멀리 푸른 바다가 보이는
두타산 자락에 겨우 섰는데

무심한 구름 인파에 가려
오도 가도 못 하고
식은땀만 주울~줄 쏟아 내고 있다

김유정 간이역

경춘선이 강둑을 따라 비를 뿌리며
물안개 자욱하게 피어나는 능선을 넘자
한 사내가 비 맞으며 서 있는
조그만 간이역에 도착했다

사람 그리운 그의 가슴엔
'김유정'이라는 이름표가 선명하고
어깨너머로 붉은 동백꽃 대신
짓다 만 콘크리트 건물이 눈을 가린다

한적한 고옥 구석진 곳에서
그리운 손님이 찾아올 때마다
콩다-꿍 콩더-꿍 디딜방아 소리에
언덕 아래 수더분한 '봄봄'의 추억들이
작은 마을 어귀마다 열병하듯 섰는데

기차가 머물다 간 철길 위
행여나 집 나간 아내 돌아올까 봐
겨울비에 옷 젖는 줄 모르고
간이역을 홀로 지키고 있는
한 사내가 거기 있었다

연안부두

출항을 알리는 뱃고동 소리
갈매기 한 쌍 먼저 알아듣고
뱃전으로 높이높이 날아오르면

봇짐 가득 사랑 이고
가방 가득 기쁨 들고
등짐 가득 슬픔 지고
빈손으로 손 흔들고
가슴으로 손 흔들고
배에 오르는 사람 사람들

점점 멀어져 가는 부두
바람에 밀려오는 삶의 너울마다
금빛 노을 더욱 눈부신데

얼마나 더 사랑해야 하는지
얼마나 더 기뻐해야 하는지
얼마나 더 슬퍼해야 하는지
얼마나 더 빈손으로

얼마나 더 가슴으로
손 흔들고 서 있어야 하는지….

홀로 남은
연안 부두의 두 눈에
오늘 밤에도 그리움이 별빛처럼
조용히 내려앉는다

무의도 여행 1
— 장전도 선착장에서

무의도를 한 뼘 거리에 두고
장전도 선착장에 호들갑스럽게도
굵은 빗방울이 후두둑
바닷길을 따라 뱃전으로 달려가고

괭이갈매기 한 쌍
'가아욱 가욱'
빗물인지 눈물인지
흐르는 수액을 털어내며
뱃머리에 앉았는데

저 멀리 바다는
짙은 안개 막을 수평선에 드리우고
작은 문인들을 위한 황홀한 무대를
준비하고 있나니

서막을 알리는 바지락의 합창
천공에 매단 조명이 파도의 선율에 맞춰
은빛 금빛 물결 너울지는 바닷속
희망을 자맥질하며 사라지는 범선을

말없이 바라보고 있는
섬

섬

섬이 되어 버린 우리 가슴

무의도 여행 2
— 실미도에서

무의도 깊은 바닷속에서
잊혀졌던 실미도가
푸른 아침에 하얀 속살 보이며
다시 깨어나고 있었다

분노와 배신….
응어리진 절규들이
삭은 그물 속에서 걸어 나와
여름 햇살 받으며 잿빛 바위로
서서 젖은 몸을 말리고

먼바다가 다가와
섬섬옥수 누이 같은 손으로
섬 안에 갇혀 바위가 된 영혼
허한 가슴 달래려 검은 등줄기를
하염없이 쓰다듬고 있는데

새들이 앉았다 떠난
푸른 섬돌 위로

소무의도

칼바람에
흰 거품 물고
푸른 솔에 기대어
겨우내 버텨온 섬

어린 시절도 잠깐
뭍으로 떠나보낸 아이
언제 오려나
긴 목 드리우고

바다 끝
누리길 너머
괭이갈매기 한 쌍
고향 그리워
차마 떠나지 못하는

언덕 위 작은 카페에서
붉은 새우 향으로
맴도는 섬

지리망산으로 가는 길

— 이상호 님 100번째 산행에 동행하며

1

먼 여행에 지친 남해 바다
통영항 고즈넉한 언덕에
올라앉았는데

사랑하는 것이
사랑받는 것보다 행복하다며
청마가 내게로 다가와
낡은 편지 하나 꺼내 들고

한 때는 누군가를
뜨겁게 사랑했노라고
그리워 너무 그리워
먼바다를 향해 깃발 흔들며
청춘을 보내던 그때가
진정 행복했노라고….

청마의 어깨너머
빛바랜 깃발은 그때처럼

수평선 너머 창공을 향하여
조용히 나부낀다

2

졸음에 겨운 유람선
연신 하품을 토해내며
가파치항에 길게 엎드려
한가로이 아침 햇살을 쪼이는데

늙으신 어머니의 속살처럼
촘촘히 주름 잡힌 바다가
낯선 손님을 맞아
하얀 포말로 곱게 단장하고

새로 바닷길을 열어
백 번째 희망 실은 배
은비 내리는 푸른 하늘 속으로
스며들었다

3

사람 그리운 섬 사량도
먼바다 향해 서 있는
반백의 가마봉 위로
구름 한 점
그리움이 스쳐 지나간다

바다 건너 지리산을 그리다
한 겹 한 겹 잘려나간 가슴이
바위마다 날 선 칼로
버티고 선
산이여!

바람에 떠밀려
파도에 휩쓸려
뭍으로 뭍으로만 쌓여 가는
그 긴 세월 그리움이
산이 되어 버린 그대 앞에

아흔아홉 번의 강을 건너
아흔아홉 번의 골을 너머
아흔아홉 번의 희망 찾아
아흔아홉 번의 꿈을 안고
여기에 우리가 왔노라!
우리 왔노라!

호숫가 여인

초겨울 서늘한 바람에
머리카락 날리며
호숫가를 서성이던
한 무리의 여인들

물빛 조명을 바라보며
얼마나 그리던 고향인가
갈 수도 만져볼 수도 없는
눈 안의 풍경에
가슴 가득 그리움만
파문처럼 번져가고

주인 잃은 물레방아가
속절없이 돌아가는
한적한 호수 옆에 앉아
해 넘어가는 줄도 모르고
낮달처럼 희미한
그 옛날의 기억들을
풀어내는 오후

행여나 데려다줄
그분 오실까 봐
낯선 자리를 지키며
하염없이 기다리다
축 늘어진 수양버들 어깨 위로
또 한 해의 끝자락이
스쳐 지나가고 있구나

도담삼봉

지나간 세월만큼이나
굽이져 흐르는 강 한가운데
갓 모자를 올려 쓰고
먼 산 바라보는 삼봉의 눈에
하얀 이슬이 맺혔다

평화를 깨는 모터의 굉음
환호에 묻혀 버린 가슴앓이
거침없이 갈라지는 물보라에
역사의 한 자락이 수면 위로
길게 뜯겨져 나간다

화려한 분수의 춤사위에
고향 무정의 애절한 곡조가
도담의 절벽에 부딪혀
멍든 세월의 흔적마다
잡풀만 무성한데

강 건너 오솔길에서
고향 누이 손짓하던 토담 길
하염없이 바라보며 그리워하다
눈물짓는 도담삼봉이여!

임진각의 군상들

분단 60년에 마주한 들녘
바람은 어제와 여전한데
먼 산 바라보며
우두커니 서 있는 군상들

바람개비 잉잉 우는 언덕
그리움에 구멍 뚫린 가슴마다
찬바람이 한바탕 휘젓고 지나가더니
남은 마음마저 북으로
가져가 버린다

저 하늘 철새처럼
언젠가는 고향 찾아 날아가리라
자유의 다리 건너
그리운 땅
그리운 사람
그리운 시절 찾아
고향으로
고향으로 훨훨 날아가리라

산이 가로막고
강이 가로막고
이념이 가로막고
시간은 멈췄지만
결코 뒤돌아갈 수 없는 길이기에

언제나 황량한 들녘에서
밤별이 가져다줄 소식 기다리며
찬바람에도 허한 가슴 아랑곳없이
우두커니 서 있는 군상들

푸른 수목원

비가 오는 가을 속
도심의 벽에 갇힌 수목원이

오늘따라 더 푸른빛 되어
우리를 반긴다

멀리 코스모스 한 무리
줄지어 달려오고

원두막에선
빗방울에 젖은 시어 하나

가슴속 추억을 톡 톡 털어내는데
기찻길 옆 가을이 오는 소리

찬란한 오색 무지개 꿈
철길 위로 피어나면

이정표 너머 우리네 청춘은
잿빛 구름 속에서
점점 붉게 물들어가네

제5부

겨울산

구름산

구름산이 엎드려
등에 오르라 한다

한 발을 올려놓자
산이 흔들린다
나도 덩달아 흔들린다
산은 조금 있으면
익숙해질 거라 했다

또 한 발을 올려놓자
나무가 흔들리고
가지가 흔들리더니
잎마다 놀란 비명을
쏴악쏴악 질러댄다

한여름 머리 위로
롤러코스터가 지나간다

여전히 산은 흔들리며 간다
어느새 나도 산과 함께
흔들리며 가고 있다
흔들리며….

넋을 기리며
— 강화도 초지진에서

구름에 비껴가는 고운 햇살이
섬돌을 돌아서는 물살을 가른다

연 초롱 가지는 하얗게
구름 꽃을 피우고
재 너머 동산 뻐꾸기 울음
아련히 묻어오면

솟구쳐 오르는 무언의 함성은
솟구쳐 오르는 무언의 함성은
섬돌을 돌아간다
또 돌아간다

무너져 내린 성루에서
떨리던 외침소리
그 여린 돌담에서 삭풍에 날아간
무명의 넋 넋 넋

구름꽃 아래 넋이 흔들린다
섬돌을 돌아선 또 흔들린다

그 위로 빠른 물살이 돌아간다
또 돌아간다

넋은 이름 없는 자의 최후의 그림자
고막을 울리던 그때의 함성이
그림자를 삼키고 사라져 갔다
그때의 함성이
구름꽃 아래서

겨울산

눈앞에 황홀한 풍경
발끝으로 전달되는 온기
얼어 굳어진 대지 위엔
눈부신 겨울보가 펼쳐져 있다

한 잎 두 잎
떨구어 내는 산벚나무 졸참나무
부지런히 오가며 잎을 나르는 바람
겨울산의 겨울나기는
언 땅 위에 겨울보를 만드는
그들만의 아름다운 상생으로 시작된다

언제나 옷깃 여미며
바람 헤집고 올라서야 하는 산
가슴속에 극복해야 할 그 무엇을 위해
날마다 오르고 또 오르다가
홀로 허허한 가슴만 안고 돌아서는
산이기에

오늘은
나도 너희들처럼
얼어붙은 영혼의 대지 위에
소중한 생명을 함께 품어줄 누군가와
아름다운 상생의 길을 걷고 싶다

땅끝에서

천 리 길을 달려
반도의 최남단 땅끝에 서다

고요한 바다 위에
파편처럼 떨어져 나간 섬들
깃발을 흔들며 멀어져 가는 동안
바람은 잠시 등대 앞에
멈추어 서다

대양을 향한 긴 호흡
지난 세월의 굴곡진 삶이
불어오는 해풍에
한 꺼풀 한 꺼풀
벗겨져 바닷속으로 사라져가다

수평선 너머 손짓하는 땅끝 탑
전망대 두 눈이 응시하는
섬과 섬 사이로
황금 노을빛 가득 실은
통통배 한 척
여유롭게 지나가는 땅끝에서
세상은 다시 시작되다

억새풀 1

안양천에 가을이
노오랗게 물들어 있다

바람이 잠시 멈추어 서서
숨을 고르는 사이
억새풀 한 가족이 나들이 나왔다

긴 손을 뻗어 마주 잡고 보니
대자연이 한 손에 가득 잡힌다

바람에 닳고 닳아
흐느적거리는 속살이
세월에 깎이고 깎여 닳아진
작은 조약돌처럼 부드럽다

'너도 나처럼
그렇게 나이를 먹어가는구나!
우리 악수를 해야지'

마음과 마음으로 통하는 영혼….

억새풀 2

안양천 그 자리에서
언제나 떠나지 못하는 한 무리

바람 따라 몸을 흔들며
지나가는 행인을 향한 부르짖음
공허한 허공에 메아리치고

강물에 휩쓸려 나간 아이
행여 돌아올까 봐
차마 떠나지 못하고
오늘도 긴 목 드리운 채
애타게 기다리는 억새 가족들

어둠이 찾아오면 안양천은
강물 위에 하얀 달을 걸어두고
억새 곁에서 온 밤을 함께 지새운다

벚꽃축제

눈꽃처럼 피어난
벚꽃들이 안양천 길을 따라
도열하고 서서
아름다움을 뽐내고 있다

오늘은 미스 벚꽃을 뽑는 날
사람들은 저마다 화려한 벚꽃을
카메라에 담느라 분주한데

아름드리 벚나무 사이로
양팔 벌리고 달려 나오는
어린 벚나무들

'너는 아니야'
하는 말에

수줍은 얼굴
어느새 낙화 되어 흩어지는
무심한 세월….

오월의 목련

한바탕 벚꽃이 피고 지고
산수유가 노오란 물을 들이는
늦은 봄날의 화단 위에
목련 한 그루 말없이 서 있다

아침마다 수런거리는 교정
봄이 저만치 가는 것도 잊은 채
그늘진 구석에 서서
날마다 교문 밖을 향하여
가지 드리우고 있는데

햇살이 비껴가고
바람마저 머물지 않는
외딴 섬에 갇혀
누구를 기다리며
무엇을 바라보는 것인가

긴 기다림 끝에
피어나는 짧은 여운

봄이 훌쩍 떠나 버린 교정에서
또다시 목련은 기약 없는
깊은 침묵 속으로 빠져든다

느티나무

해는 산 그림자 따라
뒷산을 훌쩍 넘어갔습니다
새들도 제집을 찾아
어디론가 날아갔죠
별들도 구름 속에 잦아든
차가운 겨울 어느 날 밤

홀로 남겨진
느티나무 한 가족이
터널 같은 어둠 속 길을 따라
휘청이며 걷고 있습니다

그때 짐승 같은 바람이
가던 길을 멈추고
바지랑이 끝에 매달려
늘어진 가지를 일으켜 세우며
한 걸음 한 걸음씩
그 긴 밤을 함께 동행 했죠
때로는 웅-웅 울음소릴 내면서….

저 멀리 하늘이 보일 때쯤
나무도 바람도 온몸이 이슬처럼
땀에 흠뻑 젖어 있었습니다
그 품엔 어느새 돋아난
푸른 아기 새순을 안고 말입니다

그날 생명을 키운 건
찬란한 한낮의 태양도
밤하늘의 아름다운 별들도
우아한 자태를 지닌 새들도
아니었어요

그 긴 밤을
함께 동행하며
함께 울어 주었던
하늬바람이었죠
하 · 늬 · 바 · 람

은행나무

지난 봄이었어
겨우내 찬 서리 견디며
도시의 벽에 기대어 떨고 있는 내게
투명한 순백의 시간을 지나
연 초롱 고운 옷으로 갈아입고
물길을 따라 다가왔었지

파릇파릇한 오월의 하늘을 이고
녹색의 바다 위를 힘차게 비상하는
잎새들의 화려한 군무에
세상은 갈채를 보내었어

여름 어느 날
용광로처럼 끓어오르는
한낮의 더위에 지친 도시를 향해
날아드는 불화살
폐부 깊숙이 찌르는 홍염을
온몸으로 막아내며
일구어낸 그 그늘진 품 안에서
세상은 쉼의 가치를 깨달았었지

하늬바람 불어 언덕 위
남은 불꽃 하나 더욱 붉게 스러지면
먼 길 떠나는 여인의 마음처럼
너는 노오랗게 물든 가슴 비 되어
온 땅 노오랗게 적시더니
또다시 고향 그리워 그리워
긴 그림자 목을 늘이며
외출을 준비했었어

서리 내리고
시퍼렇게 날이 선 하늘
칼바람을 휘젹이던 날
장작 태우던 고향 마을
할머니 품 안에 누었던
투명한 순백의 세월을 더듬어
바스락바스락 바람 등지고
하나씩 하나씩 훌쩍 떠나가 버렸지
세상 속으로….

벚나무

죽은 줄만 알았다
어디에서 왔는지

양팔이 꺾이고
까맣게 타들어 간 몸뚱어리

찬바람 맞으며
마침내 피워낸 꽃망울이

서럽게 서럽게도
쏟아내는
하얀 눈물

눈꽃나무

엄동설한 어둠 속
비명과 고통의 순간에도
눈부시게 그려낸 눈꽃 세상을 보라

아픔도 잠시
찬란한 아침 환호하는 나무들의
은빛 날갯짓을 보라

굴곡진 세월
계절의 숨 가쁜 호흡에도
흔들림 없이
살맛 나는 세상을 꿈꾸다
어느새 하얀 노년을 맞이한
저 고고한 자태를 보라

그 누구도 탓하지 않으며
그 무엇도 탐하지 않으리

다만 어둠 속 빛나는 눈꽃 속에
또다시 봄을 잉태하는
생명의 숨소리를
너 지금 들어 보라

겨울나무

지친 밤 홀로 지키며
굵은 마디마다 새벽을 지어서
맨 먼저 나의 창을 두드리는
당신은 누구십니까

어젯밤 여윈 손가락으로
조각배 하나 덜렁 공중에 띄우고
가없는 설움 설움을 건져 올리는
당신은 또 누구십니까

하늘도 없는 텅 빈 거리에서
황급히 달아나는 바람 한 점
안으로 안으로 안아 올리며
잠재우는 당신은 누구십니까

차마 이 거리에 서서
살뜰히 감추인 옷가지들을
훌훌 던져버리고
불거진 눈두덩

하늘로 치켜세우며
살음 살음을 좇아 몸부림치는
당신은 아! 누구십니까

진눈깨비

누가 뭐랬노

하늘 속 양지 곳에
깃들면 될 것을
한 조각 파편으로
분노하는 눈짓은
소리 없이 가슴으로
그렇게 무너져 내리고

저어 산등성마루
하얗게 날려 보내도
그칠 줄 모르는
분노의 함성은
앙상한 가지 끝에서
참지 못한 울음으로
발아래 스러지는 것인가

감추고 싶어도
다 감추지 못하여
촉촉이 젖은 사연만
희미한 불빛 속에
발자국으로 남아 있는데….

제6부

길 위에서

강물의 울음

조용히 흐르던 강물이었다
강 건너 아파트가 줄지어 늘어서고
고층 빌딩이 숨 가쁘게 오르던
시퍼런 하늘 아래서도
침묵하던 강이었다

한낮의 태양이 기어가고
낮달과 구름이 한가로이 거닐던
강 등줄기에 어느 날
척추처럼 이쪽에서 저쪽까지
박혀있는 나무 기둥들

칼바람이 불고 폭풍우가 휘몰아치는
극한의 세월도 견디며 물새 떼를 품에 안고
언제나 조용히 흐르던 강이었는데

기둥마다 그 몸이 차이며
피멍 든 가슴 찢어지는 아픔으로
깊은 어둠 속 밤별을 향해
선명한 울음으로 흐르는 강물 위로
무심한 네온사인 불빛 하나
반짝거리고 있다

코스모스와 비

굵은 빗방울이
여름 내내 폭염으로 지친
작은 꽃 무리의 가슴을 두드리며
한밤을 깨우는 들녘

노오란 우산 받쳐 든
코스모스와 비가
나란히 어깨동무를 하고
가을이 보이는 안양천을 따라
아침 산책을 하고 있다

온 세상을 불태우듯 폭염에
바싹 말라 버린 몸
장맛비와 태풍에 휘어버린 허리
모진 세월의 아픔을 겪고
일어선 새벽이기에
더욱 아름다운 세상 속으로

여름비와 함께
노오란 우산 받쳐 들고
가을이 기다리는 숲을 따라
어린 코스모스가
줄지어 길을 가고 있다

희망

어스름 해 질 녘
금천교 위로 한줄기 빛이
장승처럼 서 있는 아파트 사이
썩은 고목 속 같은 깊은 어둠 속으로
매일 사라지곤 했다

저 멀리 구름산도
붉게 타는 산 그림자 앞세우고
느티나무 가지 길게 뻗은 보도 옆
어머니 손등처럼 갈라진 세월의 담을
매일 넘어가곤 했다

안양천 흐르는 물가에
흰 물새 한 마리 오롯이 서서
정 그리워 울다 지친 가을밤
밤 안개 흐릿한 창밖의 풍경 속으로
매일 날아가곤 했다

땅거미가 잦아든
그곳 놀이터엔 어느새

빛을 닮은 어린 새싹들이 있었다
불꽃처럼 타오르는 들풀들이 있었다
가슴에 흰 날개를 단 푸른 아이들이
빛처럼 불꽃처럼 자라고 있었다

태풍 곤파스

모두 다 잠이 든 새벽
어둠을 뚫고 거센 바람이
세상을 뒤집을 기세로 몰아쳐 왔다

거대한 군마처럼 달리며
아래에서 위로
위에서 아래로
앞으로 옆으로
잠자는 도시의 새벽을
마음껏 유린하며 짓밟고 다녔다

그 살기등등한 기세 앞에
수십 년 함께 살아온
아름드리나무가 목이 부러진 채
쓰려져 신음하는 삶의 현장

한여름 내내
그늘막이 되어 주었던
그 무거운 잎이 너무 버거웠을까
순간의 강풍에 움켜쥔 뿌리마저

끝내 놓쳐버리고
땅 위에 길게 누워
시뻘건 수액을 토해내는데

미친 군화의 발길에도
꺽이지 않고
다만 허리 휘어져
누워버린 들풀들 사이로
손 흔들며 미소 짓는
파아란 어린 새싹에
쏟아지는 눈물….

그림자

길 위에 서면
발치에서 기다리고 있는
낯익은 사람이 있다

사막 같은
인생의 뜨락에서
갈 바를 모를 때면
저만치 앞장서서
길동무가 되어 주던
다정한 사람

점점 쌓여만 가는
삶의 무게로
인생의 반환점을 돌아
그 어디쯤에서
주저앉고 싶을 때면
뒤에서 힘껏 밀어주던
고마운 사람

살을 에이는 칼바람처럼
인생의 길에서 만나는
수많은 세월의 비수 앞에
마음이 갈래갈래 찢겨도
어느새 내 안에 들어와
소망 잃지 말라던
따뜻한 사람

길 위에 서면
언제나 변함없이
발치에서 기다리고 있는
낯익은 사람이 있다

길 위에서 1
— 비 개인 오후

구겨진 하루
두 손에 거머쥐고
지친 그림자 하나
끄을고 가다

무수한 잔영
끈적끈적한 흔적 지우며
끄을고
끄을고 가다

빛바랜 태양
메마른 웃음 언저리를 돌아
저 길 구름ㅅ가 닿으면
너는 무덤이고나

마침내
비오르다 삭아 내린
질펀한 거리에 서서
젖은 영혼이
눈을 뜨다

길 위에서 2
— 비상을 꿈꾸며

가진 것이 없어도 좋다
명예와 신분 따위는
더더욱 필요 없다
연령의 고하도 의미가 없다

걷는 순간만큼은
굴곡진 삶이 생생하게
영화의 장면처럼 스쳐 가는
수많은 얼굴과 얼굴들을 만나며
그 누구보다 진솔한
무언의 대화를 나눈다

때로는 함께 기뻐하며
때로는 함께 슬퍼하며
인생의 계단 그 어디쯤에서
때로는 서로 위로하며

오직 영혼과 영혼만이
공존하는 상상의 길에서
언제나 나는 소년처럼
새로운 비상을 꿈꾼다

길 위에서 3
— 들풀들의 노래

안양천을 걷다 보면
길가에 잡목처럼 자라
바람에 아무렇게나 누워 버린
이름 없는 들풀들

아무도 돌보지 않으며
모두가 스치는 순간의 인연뿐
제 홀로 바람과 땅을 벗 삼아
피어난 하아얀 꽃망울이

눈비 맞으며
한 뼘의 그늘마저도
한 줌의 온기마저도
허락되지 않는 길가에서

그것마저도 사랑했노라고
가슴 시리도록 들려주는
그들 사랑의 하모니에

내 마음도 들꽃 되어 함께
목청껏 부르고 싶다
들향기 가득한 사랑의 노래를….

광고 간판

어느 날 간판들이 나란히 서서
따뜻한 시선으로 서로를 바라보며
도시를 훈훈한 정으로 채우는 것을 보았네

한때 서로를 밀치며
얼굴 위에 얼굴이 일그러져
탐욕과 분노와 시기와 질투만이
생존을 위한 삶의 전부인 양
매달려 있던 간판들이었는데

더 크게 더 높이 외치며
바벨탑을 쌓던 오만한 이기심이
작은 이들의 가슴을 멍들게 하더니
세속의 유행 따라 자신도
뜯겨져 나가는 흉한 몰골이었는데

한 줄로 나란히 선 날
여유로운 미소 가득한 얼굴들
탐욕과 오만은 어느새 사라지고
공평한 삶을 나누어 가지는
작은 도시에 큰 웃음꽃이
활짝 피어났네

거 누구 없소

바람이 휩쓸고 간
메마르고 차가운 땅 위로
작은 개미들이 분주하게
긴 행렬을 이루며 간다

한 뼘도 안 되는 거리를
먹이를 찾아 헤매던 하룻길
거대한 문명의 발자국에
언제 밟힐지도 모를 죽음의 기로에서
집으로 가는 길은 여전히 멀기만 한데

손바닥만 한 지구 위
생명의 동아줄 온몸으로 엮어
그들만의 세상을 두려움 없이 가는
개미들의 저 눈부신 몸짓을 보라

한 뼘 같은 우리네 인생도
"거 누구 없소?"

서로의 생명을 목숨처럼 붙들고
운명의 순간에도 거침없이
집으로 가는 그 길에 함께 할….

새해맞이

새해마다
밤의 장벽을 뚫고
또다시 희망을 찾아
길 떠나는 사람들

저마다
달라지고 싶은
달라져야 하는
달라지지 않으면 안 되는
소망 하나씩 등짐 지고

언젠가는
버리고 싶은
버려야 하는
버리지 않으면 안 되는
열망 하나씩 가슴에 안고

험한 산과 바다
비탈진 벼랑 끝

그 어디라도
오늘만은

가고 싶은
가야만 하는
가지 않으면 안 되는
뜨거운 심장 하나씩 지고 지고

새해마다
어둠의 장벽
그 너머 너머로
해 찾아 희망 찾아
길 떠나는 사람들

폭염

한여름 폭염이
메마른 대지 위를
휘젓고 지나간 자리엔

살점이 떨어져 나가는 아픔
공허한 가슴으로 파고드는 열기
타들어 가는 목줄에 매달려
몸부림치는 사랑은
눈이 멀고 길을 잃었다

불러도 대답이 없고
찾아도 찾을 수 없는
그대 순결한 영혼을 위해

미친 듯이 휘젓고 다니다
저 산 너머 어디쯤에서
홀로 불태우는 사랑이여!

그 지독한 사랑으로
공허한 나의 가슴을

그대 품에서 잠재워다오

그 불타는 정열로
잠 못 이루는 나의 영혼을
오늘은 그대 품에서 쉬게 해다오

사랑이여!
그 지독한 사랑이여!

무정한 세월

— 단원고 학생들의 구조를 기다리며(2014. 4. 23.)

머언 바다 위
엄지손가락 치켜세웠던
뱃머리마저 시야에서
사라지던 날
우리의 꿈도 함께 사라져갔다

하늘도 없는
싸늘한 바다 저 밑바닥
소리 없는 생명의 몸부림만
잿빛 소용돌이로
멍한 가슴 속 끝없이 밀려온다

무정한 세월 따라
영문도 모른 채
망망대해 악마의 토굴 속 같은
심연의 바다에 갇혀
부유물처럼 뒹구는 꿈을
사위어가는 목숨 줄로 붙들고
오늘도 버티고 있을 아들 딸들아!

사랑한다 아들아!
사랑한다 딸아!
조금만 버텨다오
우리가 잘못했다
엄마가 갈게

어버이의 피 울음이
붉은 낙조처럼 번져가는 바다 위
한 번만이라도 단 한 번만이라도
살아있음에 흔적을 보여다오

어두운 밤이면
흐르는 별빛 따라 오너라
날 밝은 아침이면
떠오르는 태양을 따라 오너라
두 손 모아 기다릴게

들풀 향기

안양천 산책로
바람 따라 들풀 향기가
코끝에 간지럽다

시커먼 굴뚝 연기에
가슴을 움켜잡고
연신 토악질을 해내는
한겨울 시린 발끝에서

언제나
홀로 서 있던
그 수많은 세월 속
삶의 흔적이라곤
오직 향기뿐이었기에

오늘도
바람에 몸을 던져
하얀 안개처럼 흩날리는
슬픈 존재의 향연이여!

제7부

산문

때 묻은 영혼의 진정한 회복을 바라며

가족의 따뜻한 배려 속에 우리 교회 1차 성지순례팀의 일원이 되어 축복과 배신, 평화와 분열이 공존하는, 그러나 인간을 향한 하나님의 사랑이 가장 먼저 임했던 성지 이스라엘을 여행하는 기회를 갖게 되었다. 모든 것이 낯설고 새로운 경험이 될 10박 11일간의 이번 여행을 기쁨 반, 염려 반으로 배웅하는 아내와 자녀를 뒤로하고 돌아서는 어깨너머로 빠알간 노을이 더욱 붉게 타고 있었다.

오후 8시 30분, 공항을 향하여 달리는 차 창 밖으로 보이는 한강의 야경이 오늘따라 더욱 아름다운 자태를 뽐내고 모처럼 환하게 열린 하늘엔 오랜만에 별들이 나와 우리의 여정을 축복해주는 듯했다. 이번 순례 길에 만나는 모든 만남과 여정을 통하여 내 안에 숨어 지낸 자아와 때 묻은 영혼의 진정한 회복을 위한 여행이 되기를 기원하면서 땅을 박차고 힘찬 날갯짓으로 어두움을 향해 비상하는 한 마리 새가 되어 날아올랐다.

18시간의 비행 끝에 도착한 첫 순례지는 이집트 알렉산드리아, 클레오파트라의 고향 로마, 아테

네와 함께 3대 도시로 이름 날렸던 그때의 화려함과 웅장함을 상상하며 공항에 내려 바라본 광경은 이내 실망으로 바뀌고 말았다. 황량한 벌판, 군데군데 짓다 만 낡고 허름한 집들, 그러나 가난과 빈곤을 운명으로 여기며 오히려 나름대로 행복하게 산다는 가이드의 설명에도 불구하고 헛된 욕망의 단초를 보는 것 같아 저 밑바닥에서 끓어오르는 인간에 대한 연민의 정으로 가슴이 아려왔다.

세계 7대 불가사의로 불리는 파로스 등대의 무너진 허리를 품에 안고 여전히 지중해를 향하여 깃발을 흔들며 지금도 바다 건너 대륙을 향해 달려갈 태세를 하고 있는 알렉산드리아 성채 콰이트베이 요새와 비록 차 안에서 바라만 보았지만 50만 권 이상의 파피루스 장서를 보관하고 있는 세계 최대의 도서관인 알렉산드리아 도서관이 다만 이곳이 화려한 헬레니즘 문명을 꽃피웠던 당대의 중심도시였음을 말해주고 있었다.

애굽에 와서 최초의 순교자가 된 마가를 기념하여 세운 성 마가교회. 출애굽 한 이스라엘 백성들의 빈자리에 온갖 우상과 퇴폐한 문화로 길들여진 땅, 그럼에도 요셉과 모세를 세우시고 하나님이 택하셨던 그 땅을 자기 목숨처럼 사랑하여 죽음으로 지금의 콥틱교회의 씨앗이 되었던 마가의 유골이 어둠 속에서 조용히 빛을 발하고 있었다.

무질서한 거리와 차선도 없이 아슬아슬하게 비껴가는 차량들, 신호등도 없이 도로 위를 태연하게 건너는 보행자들의 낯선 풍경을 뒤로하고 이집트 제1의 도시 카이로에 들어선 일행은 다음날 기자고원에 가서 쿠푸왕과 그 아들 프레왕, 손자 멘카우레왕의 아파트 42층 높이만 한 거대한 피라미드 앞에서 아찔한 현기증을 느꼈다. 도시의 한켠에 우뚝 서서 바라보고 있는 2톤가량의 돌이 약 250만 개나 소요된 어마어마한 규모에 놀라움보다는 한 인간의 허황된 욕망이 쌓아 올린 거대한 돌무더기 아래 자신의 존재도 잊은 채 이유 없이 죽어가야 했던 노예들의 신음소리가 모래바람에 섞여 가슴을 후벼 오고 허공을 응시하는 스핑크스의 눈빛은 인간 세상을 바라보며 비웃는 듯했다.

빅토리아 호수에서 6,670㎞를 여행하여 지중해에 이르는 세계 최장의 강인 나일강은 문명의 발원과 인류 구원의 역사를 가슴 밑바닥에 감추고 카이로의 어두운 뒷골목처럼 곳곳에 죽은자의 흔적만 남겨 놓은 채 말없이 유유히 흘러가고 있었다.

2000년 전 애굽으로 피난했던 예수님의 여러 곳 중의 하나인 예수피난교회 주변에는 무장한 경찰들과 경찰견이 삼엄하게 경비를 하고 있었다. 관광객들을 보호하기 위한 조치라지만 어두운 골방 속에서 순례자를 맞이하고 있는 고난의 현장은 순례하는 내내 선명한 사진처럼 머릿속에 기억되었다.

우상과 죽음의 도시, 그러나 하나님이 축복했던 그 땅을 벗어나 모세와 이스라엘 백성들이 홍해를 건넜던 그 길은 아니지만 수에즈운하의 해저터널을 통과하고 시내 광야에 들어선 일행은 모세와 그 백성들이 홍해의 기적을 경험하며 바로의 손에서 해방된 그 날의 감격을 상상하며 함께 환호했다. 하지만 기쁨도 잠시, 우리를 맞이한 것은 돌과 메마른 땅, 황량한 들판이었다. 그 광야를 보는 순간 하나님과 모세에 대한 그들의 원망과 불평이 어리석었다기보다 너무나 인간적인 고백이었다는 사실을 새삼 깨달았다. 나도 그들과 함께 그 광야에 있었다면? 물 한 방울, 풀 한 포기 자라지 않는 광야를 사흘을 걸어온 눈앞에 마시지 못하는 쓴 물이 있었다면? 나도 그들처럼 원망하였으리라. 마라 저 너머에 보이는 홍해가 하나님의 사랑을 싣고 눈부시게 은빛 날개 치며 달려가고, 우리도 아론과 훌의 도움을 받아 모세가 기도했다는 르비딤골짜기의 여호와닛시 언덕에서 만난 베두인 아이들의 천진난만한 웃음을 마음에 담고 시내산으로 달려갔다.

새벽 2시 30분경. 낙타가 다니는 완만한 길을 하나님의 임재 앞에 서야 될 모세의 심정을 묵상하며 천천히 오르기 시작했다. 해발 2,285m의 바위산을 1,500m에서 시작한 어둠 속에서의 산행은 시간이 갈수록 숨이 차오르고 얼굴은 일그러져 갔다. 머리 바로 위로 선명하게 그려진 국자 모양의 북극성을 보며 저 북극성 기울여 바다의 물을 마셨다는 정철 가사의 한 구절이 머릿속에 스쳐 지나갔다. 2시간 30분 정도의 산행 끝에 마지막 휴게소에 다다른 우리는 모세가 만났던 하나님과의 만남을 통하여 우리의 연약함이 회복되기를 간절히 기원하며 예배를 드렸다. 준비해간 컵라면으로 몸을 추스린 후 해맞이를 위해 마지막 코스인 700계단을 오르기 시작했다. 10계단을 못가 가쁜 숨을 몰아쉬어야 하는 고산지대, 어렵게 어렵게 오른 정상에서 희미하게 보이는 장엄한 산맥들을 보며 하나님의 부르심에 그 어디쯤에서 40일을 하나님과 대면했던 모세의 헌신과 열정 앞에 절로 고개 숙여진다.

갑자기 저 멀리에서 가는 실핏줄 같은 예리한 섬광이 고요한 어둠을 깨뜨리고 순식간에 용광로에서 넘쳐나오는 쇳물 같은 불기둥이 어둠을 산맥 너머로 몰아가더니 금빛 바위산의 화려한 자태가 파노라마처럼 눈앞에 펼쳐졌다. 황홀경이었다. 계곡의 바위마다 하나님의 신이 스쳐 지나간 자리라 생각하니 구르는 돌 하나하나가 모두 소중하게 여겨졌다. 하나님의 산이었다.

성지 이스라엘의 순례는 남쪽의 휴양도시 엘랏과 유대광야를 지나 사해 남쪽의 아라드에서부터 시작하였다. 유대인의 최후의 격전지, 천혜의 요새 마사다는 천길 절벽 위에 세워진 화려한 헤롯 궁전과 죽음으로 로마에 맞선 유대의 열혈당원 967명의 피로 얼룩진 투쟁의 흔적을 함께 지닌 야누스의 얼굴로, 삶과 죽음의 문제를 결코 해결할 수 없는 인간의 한계만 황량하게 드러내 보였다.

아래로 보이는 사해는 죽음의 바다가 아니었다. 해저 400m에 있는 담수호, 25%의 염분 때문에 고기가 살 수 없는 곳이지만 풍부한 광물질과 밑에서 솟아 나오는 온천으로 인한 따뜻한 수온, 주변에 늘어선 화학 공장들을 보며, 세상의 모든 것을 저 푸른 가슴으로 끌어안고 어루고 또 어루어 새로운 희망을 만들어내는 살아 있는 바다였음을 보았다.

사해 근처 쿰란공동체를 지나 계속해서 북쪽으로 달려 지구상에서 가장 오래된 도시, 지금은 팔레스타인 자치지구 안에 있는 여리고에 이르니, 젖과 꿀이 흐르는 땅, 여호수아가 이스라엘 백성을 이끌고 제일 먼저 점령했던 이 땅을 홀로 바라보며 모세가 죽음을 준비했던 느보산이 사해 너머 한눈에 들어온다. 40년을 너무나 간절하게 기다렸던 그 순간을 쓸쓸하게 홀로 지켜봐야 했던 모세의 심정이 어떠했을까?

여리고 뒤로 시험산이 우뚝 솟아 있었다. '내게 절하면 모든 것을 네게 주겠다'고 유혹한 사단. 한 번 비굴해짐으로 세상 전부를 가질 수 있다는 유혹 앞에 흔들리지 않을 인간이 어디 있으랴? 요즘같이 돈이면 다 되는 세상에서는 더욱 그렇다. 다시 옷깃을 여미고 갈릴리로 길을 재촉했다. 팔복교회와 오병이어교회, 언약교회를 거치면서 제자들을 부르시고 세상을 사랑하셨던 예수님의 음성이 바람을 타고 호수 저편에서 조용히 들려오는 듯했다. 투명한 물빛, 바라만 보아도 몸과 영혼까지 순수해지는 듯한 그 물에 발을 담그고 마치 제자가 된 양, 두 팔로 호수를 끌어안고 감격에 겨워했다. 가나의 혼인잔치교회와 나사렛의 예수수태교회를 거쳐 복음의 전진기지였던 가버나움 회당으로 숨 가쁘게 이동하며 가르침과 고난의 현장들이 성경 속의 사건들과 오버랩되면서 하나하나 되살아난다. 헤롯에 의해 지중해 연안에 건설된 항구도시 가이사랴가 비록 부귀와 공명을 사랑했던 헛된 인간의 욕심에서 건설된 도시였지만 바울과 베드로에 의하여 세계선교의 출발지가 되었다는 사실 앞에 하나님의 계획은 언제나 인간의 가치를 초월한 구원에 있음을 깨달았다.

이날 저녁 우리는 드디어 세계종교의 중심, 인간을 향한 하나님의 구원이 완성된 곳, 지금은 그러나 사분 되어 상처투성이인 예루살렘을 밟았다. 새벽 5시 조명을 받아 고색창연한 빛을 발하며 예루살렘성이 반겼다. 다메섹문이라 불리는 북쪽 문으로 들어선 우리는 비아 돌로로사, 십자가의 길, 인류의 죄를 짊어지고 최후를 향하여 걸어가셨던 이 길이 오직 생계를 위해 상인과 가게들로 넘치는 오염된 거리로 전락하고 있음을 보았다. 다만 14번째의 지점을 지나가며 순례자들의 기억 속에 희미하게 기억될 뿐이다. 골고다에 오르니 로마 군병 대신 무장한 이스라엘 병사를 보면서 아직도 고난이 계속되고 있는 예루살렘의 현실 앞에 가슴이 답답해 왔다. 예루살렘을 바라보며 눈물 흘리셨다는 눈물교회에서 바라본 황금돔의 예루살렘성은 더욱 슬프게 보였다. 감람산과 다윗성이 있는 시온산, 히스기야 터널을 차례로 돌아보며 팔레스타인 지역에 있는 예수님의 고향 베들레헴으로 향했다.

장벽이 높게 둘러쳐져 있고 무장한 병사들이 검문하고 있는 분위기가 심상치 않았다. 예수탄생교회의 총탄 자국이 오늘의 그 현실을 말해주고 있었다. 예수탄생의 진정한 의미는 간데없고 그 자리에 분노와 저주, 실의와 원망이 가득한 군상들이 어지러이 널려 있었다. 오! 주님 이 땅에 다시 평화가 오게 하소서. 기쁨과 사랑 가득한 하나님의 나라가 이 땅에서부터 회복되게 하소서. 마음속으로 기도하며 예루살렘을 떠나 마지막 순례지인 요르단으로 발길을 돌렸다.

네시간을 달려 패트라 곧 '바위'라고 부르는 곳에 도착했다. 깍아지른 절벽 밑으로 자연히 이루어진 협곡 사이에 형성된 거대한 도시, 웅장한 신전과 신상들, 형형색깔의 바위, 협곡 사이로 이어지는 그들의 삶의 흔적에서 아라비아의 융성했던 문화의 단면을 볼 수 있었다. 비록 짧은 시간이었지만 왕의 대로를 달려와 말을 타고 패트라의 전경 속으로 빠져 들어가는 순간을 잊을 수가 없다. 우리 일행은 요르단을 떠나기 전 여리고에서 바라보았던 느보산에 올라 다시 한번 여리고를 바라보며 40년을 준비한 모세가 한 번의 교만으로 가나안에 들어가지 못함을 두고 그가 인생의 성공자인가? 아니면 실패자인가?를 잠시 묵상하며 존경과 연민의 마음을 함께 나누었다.

이제 순례는 모두 끝났다. 왠지 가슴 한구석에 진한 안타까움이 밀려온다. 언제 끝날지도 모르는 고난 가운데 오늘도 신음하고 있는 성지 속으로 나를 보내신 하나님의 계획은 무엇일까?

오! 주님 나를 평화의 도구로 써 주소서. 아멘

입영식 소회

둘째가 입대하는 날이다. 첫째보다는 건강하고 본인이 스스로 지원 입대하기에 별로 걱정을 하지 않았다. 녀석도 남자가 이왕 군대 가는 거 좀 더 빡센(?)데로 가서 받고 싶다며 의기양양해 왔기 때문이다.

우리 가족은 아침 일찍 춘천을 향하여 출발 준비를 했다. 지름길인 국도를 마다하고 훨씬 먼 길이지만 고속도로를 택하기로 했다. 군대 가기 전 고속도로 휴게소에서 따끈한 우동 한 그릇 먹고 싶다는 것이었다. 4,000원에 꼬들꼬들한 삶의 기억들을 다시 한번 느껴보고 싶다는 그 소박한 꿈(?)을 위해 아직도 잠이 덜 깬 아파트를 조용히 빠져나와 고속도로로 향해 달리기 시작했다.

달리는 내내 서로가 말이 없었다. 옆좌석에 앉은 아내의 얼굴이 흐린 날씨처럼 굳어 있었다. 분위기를 바꾸어보려고 '야, 군바리는 전방이든, 후방이든 어디 가도 군바리야. 너무 걱정하지 마. 사람만 잘 만나면 돼.' 라고 말해보지만 오히려 더 어색한 침묵만이 흐른다. 아들의 손에 쥐고 있는 휴대폰만이 열심히 벨을 울려대며 허한 가슴을 달래느라 분주하게 움직였다. 3시간을 달려 '춘천' 이라는 도로 표지판이 한눈에 들어왔다. 아직 정한 시간까지는 여유가 있었다.

우리는 소양댐에서 잠시 시간을 보내기로 했다. 거대한 성곽처럼 우뚝 솟아 있는 댐을 배경으로 소중한 추억을 담기 위해 연신 디카를 눌러 댔다. 웃으라고 몇 번이나 소리치고 또 소리쳐서 찍은 사진 속엔 판화에 새겨진 물고기의 빛바랜 조각품처럼 생기 잃은 어색한 웃음만이 정직하게 속마음을 드러내고 있다. 그 유명하다는 춘천 닭갈비로 겨우 끼니를 때우고 목적지인 102보충대로 향했다. 102보충대에서 가족과 함께 입영식이 거행되는 동안 군악대의 흥겨운 마칭 밴드 공연과 대대장의 환영사, 인사장교의 안내 사항 등이 이어지는 내내 가족 모두는 애써 담담한 표정으로 서로의 눈길을 피해 정면만 바라보고 있었다. 마지막 순서로 중대장이 나와 장정들을 세우고 '어머님 은혜'를 부르게 하는 순간 한 소절도 가기 전에 여기저기서 훌쩍이는 소리가 들린다. 가만히 올려다보는 내 눈에 안경 속의 눈물을 가만히 닦아 내는 아들의 모습이 들어왔다. 조금 전 당당하던 모습은 간데없고 '어머니'의 이름 앞에 그 당당함이 힘없이 무너져 내렸다.

고개를 떨구고 부모의 품에 안겨 눈물도 잠시,

'집합'이라는 구호에 황급히 돌아서는 녀석을 바라보며 우리 부부는 또 한 번 이별의 진한 아픔을 맛보아야 했다.

소양댐 저 밑바닥으로
밀려드는 그리움의 몸짓
흐릿한 하늘 아래
물안개 가득한 수면 위로
어색한 웃음이 지나가고 있다

소양댐 준공 기념탑
그 앞에 선 가족의 모습이
디카 속에서 자꾸만 흔들리는데
미풍에도 손끝은 연신 떨리고
시간은 쉼 없이 떨어지는 댐 물처럼
자꾸만 재촉을 한다

입영식이 진행되는 동안
그렇게 참았던 아픔인데
그렇게 참았던 눈물인데
'어머님 은혜' 한 소절에
엄마의 품에 안겨
분수처럼 터져 나오는 회한

그랬었구나 아들아!
그것이 너에게 눈물이었구나
그것이 너에게 아픔이었구나

돌아서는 어깨 너머
유난히도 더 푸른 하늘
까치 한 마리 저 숲속으로
유유히 날아가고 있다

돌아오는 길에 궁금해하실 부모님에게 전화를 걸었다. '어머니 이제 둘째가 군에 들어갔어요. 보낼 때마다 힘이 드네요.'

'그래 수고했다. 잘할 거야. 야, 근데 아들보다 딸 시집보내는 것이 더 힘들더라. 너무 힘들어하지 마' 순간, 아차 싶었다. 그랬구나, 아들 둘, 딸 둘 키워 오시면서 평생을 그 아픔 속에 살아오셨구나. 그렇게 살아오셨구나 하는 생각에 아직도 부모의 마음을 헤아리지 못하는 나 자신이 부끄럽게 느껴졌다. 깊이와 넓이를 알 수 없는 바다와 같은 그분들의 삶과 사랑, 그 바다 멀리에서 들려오는 파도 소리를 그리워하다 먼 훗날 나도 그들의 바다가 되어 있을까?

태안의 희망과 절망

2017년, 태안 기름유출사건이 있은 지 꼭 10년째 되는 해이다. 당시의 상황은 암울했다. 하지만 한 가닥 희망을 붙들고 모두가 안간힘을 쏟으며 스러져가는 삶의 한 켠을 닦고 또 닦았다. 그리고 10년 뒤 바다는 위대한 기적을 일구어냈다. 새들이 춤추고 물고기가 뛰어노는 아름다운 태안으로 다시 우리 곁으로 돌아왔다, 당시 그 암울했던 순간 자원봉사에 참여하면서 느꼈던 감정을 회상해 본다.

사람들은 백만 명의 자원봉사자들을 희망이라 했다. 그리고 그 속에 끼여 이름 석 자, 사진 한 컷을 남긴 것에 위안을 삼으며 대자연의 재앙 앞에서 면죄부라도 받은 듯 가슴 뿌듯해 했다. 태안으로 떠나기 전, 실제로 가기로 했던 많은 사람들이 기름으로 인하여 건강에 무슨 이상이 있지 않을까를 염려하며 포기했다. 그래서인지 우리 일행은 모두 희망의 대열에 참여한 것만으로도 만족해하며 엄청난 사고의 현장 가운데 한 곳인 망산해수욕장으로 새벽차를 타고 달려갔다.

점점 현장에 가까워지자 여기저기 현수막이 걸

려 있고 바람에 묻어오는 역한 기름 냄새가, 여기가 그 엄청난 사고의 현장임을 실감케 했다. 적막이 가져다주는 긴장감이 순간 우리 일행을 빠르게 침묵 속으로 이끌어 갔다.

멀리 바다가 한눈에 들어왔다. 흰 손들이 숨죽이며 수없이 밀려갔다 밀려오는 백사장, 뒤로 빙 둘러 서 있는 아름드리나무를 붙들고 바람만이 우우웅! 신음소리를 간간히 토해내고 있었다. 사람들은 희망을 말했지만 그곳은 이미 절망의 바다! 죽음에 이르는 깊은 병을 앓으며 모두가 절망하고 있었다.

우리는 나눠준 방제복을 입고 해변 가까이 내려갔다. 백사장은 그동안 자원봉사자들의 헌신적인 노력으로 겉으로는 비교적 깨끗해 보였다. 해변을 따라 바위들이 옹기종기 모여 있는 곳으로 가보니 파도에 함께 밀려온 기름 덩이들이 바위에 걸려 빠져나가지 못하고 주름진 틈새로 음흉한 눈빛을 하고 노려보는 짐승처럼 숨구멍을 누르고 있었다. 마치 의식을 잃은 환자에게 심폐소생술을 하려는 의사처럼 우리는 서둘러 드라이버와 걸레를 이용하여 구석구석을 긁어내고 닦아 내는 작업을 시작했다.

표면은 어느 정도 닦였지만, 바위의 패인 골마다 끼어 있는 기름은 쉽게 제거되지가 않았다. 우리는 걸터앉은 곳에서 꼬박 3시간을 닦았지만, 끊임없이 묻어 나오는 기름때에 일의 진척도 없이 마음과 몸은 점점 지쳐갔다. 문득 고개를 들어 보니 탁 트인 바다, 여전히 푸른 하늘, 우거진 숲은 그대로인데 새 한 마리, 작은 게 한 마리 보이지 않는다. 살리소! 솨아악! 살리소! 솨아악! 파도에 실려 와 쉬임 없이 귓전을 때리는 애절한 구명 소리에 점심시간도 잠시 우리는 오로지 바위를 닦고 또 닦았다. 하지만 우리가 그날 하루 종일 닦은 곳은 그 넓은 바다에서 겨우 한 뼘밖에 안 되었다. 그것이 우리가 가지고 있는 한계라는 것을, 그리고 대자연 앞에서 인간이 얼마나 나약하며, 우리의 힘으로는 결코 생명을 되살릴 수 없다는 엄연한 현실 앞에서 다시금 존재의 이유를 스스로에게 묻고 또 물으며 그곳을 빠져나왔다.

망산 해수욕장의 넓은 해변가에서 4~500명의 자원봉사자들이 사방에 흩어져 기름때를 제거하는 모습은 분명 희망이었다. 살을 에이는 바닷바람을 맞으며 절망을 지우고 지우며 그 자리에 희망을 심으려 했던 백만의 봉사자들은 분명 우리 시대의 희망이라 부르기에 손색이 없을 것이다. 그러나 바다는 여전히 언제 깨어날지 모르는 죽음의 깊은 잠에 빠져 있었다. 그 바다 옆에서 부르는 희망의 노래가 절망처럼 들려온다. 살리소!

쏴아악! 살리소! 쏴아악!

인간은 오직 한순간 그 한계 앞에 고개를 숙였지만 그러나 10년이라는 긴 세월을 자연은 한순간도 멈추지 않고 드넓은 바닷속 깊은 상처를 쓸어내며 절망을 희망으로 기어코 만들어냈다.

詩人의 소망, 사랑, 혹은 꿈

— 김창수 시집『거 누구 없소』에 나타난 시세계

윤제철(시인, 사단법인 세계문인협회 부이사장)

1. 들어가는 글

오늘을 살면서 함께 호흡했던 많은 사람들을 생각한다. 가깝게 지냈다면 한집안에서 지내온 부모형제일 것이나 실질적으로 그만큼 가까운 인연이라면 직장동료들이다. 비가 오나 눈이 오나 가리지 않고 만나야 했고 아침에 출근하여 퇴근할 때까지 함께 했다. 정년이 있어 신분이 보장되었으니 더욱 오랜 기간이었을 것이다. 더구나 같은 취미를 갖고 더 자주 만날 수 있었던 동아리에 회원이면 더 말할 나위 없이 가까운 사이다.

바쁜 일과 중에 틈을 내어 만나고 의사소통을 할 수 있었던 그곳이 그립다. 퇴임을 하여 출퇴근은 하지 않지만 끊이지 않고 가끔씩 들려 현직에 있는 옛 동료이자 회원들을 보는 것으로 달래고 있다. 시나 수필을 쓰는 분들로 구성된 세목문학회 동인이다. 동시에 서울교원문학회 회원이기도 하다. 한 직장에서 십여 명의 현직과 퇴임으로 구성되었다.

그중에 김창수 시인이 팔십여 편이 넘는 시 원고를 내놓으며 시집을 내겠다고 했다. 오랜만에 침묵을 깨고 나서는 반가운 일이다. 평소에 남과 언성을 높이는 걸 본 적이 없고 행동에 흔들림 없이 원만하게 지내온 독실한 기독교 신자이며, 자신이 한 말에는 무슨 일이 있어도 끝까지 책임을 다하는 소신을 지녔다. 누구의 이야기든 귀를 기울였고 매사를 합리적으로 판단하고 실천하는 생활 모습을 보아왔다.

작품의 일부는 동인활동 품평 시간에 만났던 친숙한 것이었지만 상당수의 원고들은 낯이 설었어도 싱그러운 향을 품어 마음을 마주하였다. 옆에 같이 앉아있는 듯 김 시인의 음성이 귀에 울렸다. 내면 의식의 만남은 서로를 숨기고 싶어도 숨길 수 없는, 있는 그대로 솔직한 의사소통을 이룰 수 있는 가장 순수한 교류의 시간을 맛보는 것인지도 모른다. 각고의 노력으로 빚어진 원고 중에 몇 편의 시를 골라 독자들과 함께 시세계의 여행을 떠나고자 한다.

2. 소망, 사랑, 꿈을 하나로

사물함을 열면
서로 다른 모습으로
살아가는 아이들의 삶이
빼곡하게 쌓여있다

땀으로 흥건히 젖은
체육복을 입은 채
햇살 따가운 운동장을
쉬임없이 뛰어다니며
둥근 공처럼
둥근 세상을 외치던 아이

깨알같이 적어 놓은
공책을 펴 보이며
지금은 멀리만 느껴지는
소박하지만
작은 꿈을 보여주곤
수줍게 미소 짓던 아이

무엇이 힘들었던지
휴지처럼 구겨진 삶을

가득 끌어안고
홀로 빈방을 지키며
세월의 짐이 너무 버거워
끝내 다가서지 못하던 아이

온종일 비를 맞으며
젖은 땅을 헤매다
흙투성이가 된 신발로
제 갈 길을 잃은 채
창밖만 응시하고 있던 아이

사물함을 열면
켜켜이 쌓여 있는
아이들의 삶이
때로는 가슴 벅차게
때로는 가슴 시리게
눈앞에 아련하게 맴돈다

—「교실풍경 8」 전문

사물함은 개인의 물건을 넣어 두는 상자를 말한다. 언제부턴가 학생들이 수업을 위해 준비물을 들고 다녔던 걸 교실에 보관해두었다가 사용할 수 있도록 설치하였다. 교실풍경 중에 하나로 담임을 맡은 학급제자를 아끼는 마음이 담겨있다.

'체육복을 입은 채/ 운동장을 뛰어다니며/ 둥근

세상을 외치던 아이'가 등교 목적이 운동하는 것에 두었다면 '공책을 펴 보이며/ 작은 꿈을 보여주곤/ 수줍게 미소 짓던 아이'는 모범생이다. '휴지처럼 구겨진 삶을/ 가득 끌어안고/ 끝내 다가서지 못하던 아이'나 '젖은 땅을 헤매다/ 제 갈 길을 잃은 채/ 창밖만 응시하고 있던 아이'는 환경이 어렵거나 방황하는 경우였다. 켜켜이 쌓여있는 아이들의 삶이 사물함을 열면 넘쳐나 굴러떨어졌다. 충분한 힘이 되어주지 못하고 일일이 다 챙겨주지 못해 손이 닿지 않은 아이들에게 미안하기만 하다. 그리고 아예 들으려 하지 않는 아이를 포기도 못 하고 가슴이 아플 뿐이다.

희뿌연 안개 속 안양천을 따라
꽃비가 싱그러운 향기 데불고
자근자근 지나간 오월 어느 날

희미한 등잔 아래서
한 올 한 올 세월을 꿰시던
늙으신 어머님의 까칠한 손이
하얀 미소 가득 그려 놓은 밤길을

저 멀리 사람들은
구름처럼 일어나는 아련한 기억 속으로
깊이 잠기어가고 있다

밤늦은 금천교에는
시든 목련처럼 떨어진 삶의 껍데기들이
바람에 어지럽게 나뒹굴고
자동차 경적소리에
실눈 곧추세운 종탑 위 붉은 십자가

언제나 말없이
별빛에 기대어 홀로 서 있네

—「십자가 단상」 전문

오월의 어느 날 내리는 꽃비 안내대로 어머니의 까칠한 손으로 하얀 미소 가득 그려놓은 금천교에 닿는다. 그곳에는 '시든 목련처럼 떨어진 삶의 껍데기들이/ 바람에 어지럽게 나뒹굴고'있다. 고통을 모르고 사는 것은 사는 것이 아니라지만 힘겹게 벗어던지며 고통을 덜어야 했다.

자동차 경적소리에도 예민하게 실눈 고추 세운 붉은 십자가는 남들이 잠에 들어 있어야 했던 한밤에도 주위를 살피고, 별빛에 기대어 홀로 서 있다. 녹색 십자가는 몸의 어딘가 분명히 아픈 데가 밝혀진 곳을 고쳐주는 병원이지만 붉은 십자가는 어디가 아픈지 모르고 마음을 앓고 있는 환자들을 치유하는 곳이다.

가로등처럼 밤을 지새우며 길을 밝히고 애를 쓰는

것처럼 자신을 필요로 찾아오는 이들을 밤낮을 가리지 않고 홀로 서 기다려주는 십자가를 생각한다. 그리고 십자가의 역할에 다소나마 힘이 되어줄 수 있는 기회가 오기를 기다리는 화자의 소망이 팽배해 있다.

꺾일 듯 꺾이지 않는
약하나 결코 약하지 않는
언제나 높은 하늘 우러러
손 흔드는 갈대처럼

금 간 세월의 틈 사이로
거침없이 불어오는 바람 앞에서도
푸른 하늘 보며 참아내던
고마운 엄마 같은 아내

무더운 여름 어느 날
긴 가지 더 길게 늘어뜨려
언제나 영혼의 안식처로
시원한 그늘이 되어 준 나무처럼

빈들 같은 세월의 어느 곳에서
주저앉아 있을 때
푸른 그늘로 먼저 다가와
지친 마음 만져주던
고마운 누이 같은 아내

자갈밭 흐르는 물
잡으면 어느새 저만치에서
그 깊은 바다 향해
함께 가자던 작은 시내처럼

거칠고 굴곡진 삶의 흐름 속
머물고 싶은 그 순간마다
하얀 웃음으로 다가와
등 두드리며 동행해주던
고마운 친구 같은 아내

삶의 비탈진 길에서
엄마처럼 참아주고
누이처럼 만져주고
친구처럼 동행해주는
아내가 있어 좋다

—「아내」 전문

결혼하여 남자와 짝을 이룬 여자를 아내라고 한다. 짝을 이루는 데는 생각할 수 있는 범위 안에서 가장 완전하다고 여겨지는 사람이라 믿는 이상형을 찾는 과정이 필요하다. 모든 걸 알고 결혼하는 것 같지만 사귀는 동안 좋은 것만 보이고 실제로는 살아가면서 몰랐던 싫은 것까지 보이기 시작한다.

서로가 맞추어 참고 견뎌가면서 생활 모습이나 생

긴 모습에 이르기까지 닮아간다. 점차적으로 곁에 있을 땐 몰라도 없으면 아쉬운 존재가 된다. 어느덧 상대를 통하여 거울을 바라보는 것 같아 나를 보는 것처럼 모든 것을 내려놓고 한 몸이 되기 마련인 게 부부인가 보다.

부모님이나 자식들이 떠나면 더욱이 의지할 데라고는 옆에 같이 사는 아내밖에 없다. 늘 부족한 게 많은 남편과 삶의 비탈진 길에서 엄마처럼 참아주고, 누이처럼 만져주고, 친구처럼 동행해주는 아내가 있어 좋다고 했다.

숯불이 타는 동안 저 멀리 있던 밤바다가
방둑을 넘어 슬며시 우리 곁에 와 앉았다

저녁 식탁 위엔 바다가 가져다준
무의도의 사연들이 하나둘 차려지고
촌로의 자식 그리움이 알맞게 익어갈 때쯤
밤별들도 내려와 어둠을 밝혀 주었다

아무도 기억하지도 하고 싶지도 않던
버려진 섬 실미도를 등에 업고
거센 해풍을 맞으며 시퍼런 세월을
숨죽여 살아왔다는 무의도 사랑 이야기에
밤벌레도 징 징 울어대는 밤

숯불이 사그라들고
어느새 까맣게 재가 된 가슴은
천국의 계단이 바라보이는
하나개해수욕장 모래무지 위에서
바람 가득한 새벽 어깨에 기대어

잠이 들었다

—「무의도 여행 3」 전문

펜션을 얻어 마음에 맞는 사람들이 모여 앉은 저녁, 집을 떠나 모든 걸 잊고 자연과 함께 익어가는 밤이다. 방둑 넘어 우리 곁에 앉은 밤바다, 무의도 사연이 익어갈 쯤 어둠을 밝히는 밤별, 실미도를 등에 업고 숨죽여온 세월에 징징 울어대는 밤벌레, 재가 된 가슴은 새벽 어깨에 기대 잠이 들었다.

여행을 떠나오기 전만 하여도 직장이나 가정에서 전체의 한 부분으로 역할을 잊지 못했다. 한 단체에 소속된 조연에 불과했던 게 확실함에도 불구하고, 이곳에서는 무엇 하나 나와 무관한 것이 없다. 마치 나를 위해 존재하는 양 소중하지 않은 게 없다. 처음 마주하는 것임에도 불구하고 친근한 느낌으로 다가온다. 그러면서 나 스스로 이곳에서 주인공이 되어간다. 평소에 볼 수 없었던 나를 보는 기회다. 나를 알고 인정할 수 있는 시간을 만났다. 화자는 주

위에 모든 것에 감사하고 한결 넓어진 시야를 확인한다.

한바탕 벚꽃이 피고 지고
산수유가 노오란 물을 들이는
늦은 봄날의 화단 위에
목련 한 그루 말없이 서 있다

아침마다 수런거리는 교정
봄이 저만치 가는 것도 잊은 채
그늘진 구석에 서서
날마다 교문 밖을 향하여
가지 드리우고 있는데

햇살이 비껴가고
바람마저 머물지 않는
외딴 섬에 갇혀
누구를 기다리며
무엇을 바라보는 것인가

긴 기다림 끝에
피어나는 짧은 여운

봄이 훌쩍 떠나 버린 교정에서
또다시 목련은 기약 없는

깊은 침묵 속으로 빠져든다

—「오월의 목련」 전문

목련은 봄기운이 퍼져나갈 3월 중하순 경, 잎이 나오기 전의 가지에 눈부시게 새하얗거나 자줏빛 커다란 꽃을 피우지만 그늘지거나 골바람이 지나는 싸늘한 곳을 지키느라 뒤늦게 오월에 피는 걸 교정에서 해마다 본다.

같은 교정인데도 불구하고 양지바른 따뜻한 곳에서 피는 것을 바라보며 얼마나 애를 태워야 했을까. 제철을 기다리다가 뒤늦게 다가온 만개의 여운도 잠시 잊었던 기억을 더듬을 뿐이다. 주어진 여건이 좋지 않아 분재의 고통을 껴안은 듯 차가운 공기로 감싸고도는 하나의 섬 안에 갇힌 모습이 애잔하다.

마치 남들보다 능력이 없어 뒤처져 빛을 보지 못하는 또 다른 슬픈 얼굴이 얼핏 스쳐 지나가는 현실로 떠올리게 하고, 모든 사람이 평등하다지만 환경의 차이는 어쩔 수 없다는 상황을 보여준다. 늦게 피었으면 남들만큼은 누려야 할 텐데 그만 못한 짧은 시간으로 만족해야 한다.

머언 바다 위
엄지손가락 치켜세웠던

뱃머리마저 시야에서
사라지던 날
우리의 꿈도 함께 사라져갔다

하늘도 없는
싸늘한 바다 저 밑바닥
소리 없는 생명의 몸부림만
잿빛 소용돌이로
멍한 가슴 속 끝없이 밀려온다

무정한 세월 따라
영문도 모른 채
망망대해 악마의 토굴 속 같은
심연의 바다에 갇혀
부유물처럼 뒹구는 꿈을
사위어가는 목숨 줄로 붙들고
오늘도 버티고 있을 아들 딸들아!

사랑한다 아들아!
사랑한다 딸아!
조금만 버텨다오
우리가 잘못했다
엄마가 갈게

어버이의 피 울음이
붉은 낙조처럼 번져가는 바다 위

한 번만이라도 단 한 번만이라도
살아있음에 흔적을 보여다오

어두운 밤이면
흐르는 별빛 따라 오너라
날 밝은 아침이면
떠오르는 태양을 따라 오너라
두 손 모아 기다릴게

—「무정한 세월」 전문

구조를 할 수 있는 시간을 아깝게 어른들의 잘못으로 어린 꿈들을 날려버리는 참사는 두고두고 잊을 수 없는 아픔이 되었다. 자신의 목숨만 귀할 뿐 맡은 소임도 다하지 않았던 몰지각한 행태를 규탄한다.

'소리 없는 생명의 몸부림만/ 잿빛 소용돌이로/ 사위어가는 목숨 줄로 붙들고/ 오늘도 버티고 있을 아들 딸들아!' 아직도 멀리에서 들려온다.

남녀를 불문하고 지위 고하나 노소를 가려 무어라 말할 수 없게 되었다. 많은 숫자의 말 잘 듣는 아이들이 말 안 듣고 떠돌던 아이보다 나을 게 없었다. 어른들의 말은 어디에서든 힘을 잃었다. 화자는 그저 '우리가 잘못했다'고 미안해할 수밖에 없었고 아직도 믿어지지 않았다.

'한 번만이라도/ 살아있음에 흔적을 보여다오/ 어

두운 밤이면/ 흐르는 별빛 따라 오너라' 모든 것을 다 내려놓는 심정으로 절규하고 있다.

3. 나오는 글

김창수 시인의 시를 읽다 보면 어느 시 한 편이라도 헝클어진 채로 어설프게 내놓은 게 없다. 매체를 대상으로 관찰을 통하여 예민한 감각으로 하나의 시상을 얻으면 원하는 이미지가 만들어질 때까지 시어나 어순을 바꿔가면서 끊임없이 새로운 정신으로 긴장을 살려 나가 시의 낯설게 하기와 시인 자신이 말로 설명하지 않은 수많은 말들이 소용돌이치도록 침묵의 기법을 시도하는 데 부지런함을 잊지 않는다.

시는 시인을 대신하여 문예지나 시집에 글자로 올라 독자들에게 작품세계를 알리는 역할에 대하여 시를 청탁받았을 때, 평소에 여유를 두고 써두었던 시 중에서 좋은 시를 골라 출판사에 제출하는 것을 원칙으로 해왔다 하더라도, 여의치 않아 덜 다듬어진 작품을 급히 만들어 보낸다는 것은 양심의 허락을 받기 어려울 뿐만 아니라 마감 기일이 지난다 하더라도 충분히 다듬어서 보내져야 한다고 믿고 있다.

바쁜 일상에서도 순간적으로 다가오는 느낌들을 읽고 만나는 시상들을 반기면서 잊지 않으려 메모하고 있다. 일과 중에는 누구에게라도 글을 쓰는 모습을 보이지 않으면서 사적인 휴식 시간을 줄여 만들어진 정신세계의 결정체로 보여주는 데 열중하고 있다.

김창수 시인은 성실한 교육자이며 진실한 기독교 신자이다. 어느 것 하나 놓치지 않는 성실함과 약속을 지키려는 의지에서 보는 한결같은 모습의 그를 신임하게 된다. 작품 속에는 모든 것이 고스란히 담겨있고 그와 가까이 호흡을 하는 동료들이 아무런 계산도 없이 따르는 그가 부럽다. 현실에 찌든 일상을 아름답게 형상화 시키는 시세계에 들어가 투박한 내 글을 밀어 넣는다.

문학세계대표작가선 885

거 누구 없소

김창수 시집

인쇄 1판 1쇄 2019년 4월 15일
발행 1판 1쇄 2019년 4월 21일

지 은 이 : 김창수
펴 낸 이 : 김천우
펴 낸 곳 : 도서출판 천우
등 록 : 1992. 2. 15. 제1-1307호
주 소 : 서울시 성동구 무학봉28길 6 금용빌딩 2F
전 화 : 02)2298-7661
팩 스 : 02)2298-7665
http://moonhak.wla.or.kr
E-mail : chunwo@hanmail.net

값 13,000원

ISBN 978-89-7954-766-5

이 도서의 국립중앙도서관 출판예정도서목록(CIP)은 서지정보유통지원시스템 홈페이지(http://seoji.nl.go.kr)와 국가자료공동목록시스템(http://www.nl.go.kr/kolisnet)에서 이용하실 수 있습니다. (CIP제어번호: CIP2019014438)